Leseschule
Ausgabe A

Fibel für den Erstleseunterricht

von
Marianne Franz und Silvia Regelein

illustriert von
Janosch, Ute Krause und Wolfgang Rudelius

Oldenbourg

2

Wo ist der Bär ?

Wo ist der Tiger ?

Es waren einmal
ein kleiner Bär und
ein kleiner Tiger.

Die lebten unten am Fluss
neben dem großen Baum.
Und sie hatten auch ein Boot.

Sie wohnten
in einem kleinen, gemütlichen Haus
mit Schornstein.

„Uns geht es gut", sagte der kleine Tiger,
„denn wir haben alles,
und wir brauchen uns vor nichts zu fürchten.

Weil wir nämlich auch noch stark sind.
Ist das wahr, Bär?"

„Jawohl", sagte der kleine Bär,
„ich bin stark wie ein Bär
und du bist stark wie ein Tiger.
Das reicht."

Janosch

I i

Ina und Ali

Ina und Tiger

Ina
Tiger

Ina und Bär

Bär und Tiger

Und mein Name hat kein i!

Wie viele Buchstaben hat mein Name?

Ich bin der Bär.   Ich bin der Tiger.

Ich bin 🙂 .   Ich bin 🐯 .

Ich bin Ina.

Ich bin ☐ .

A a

Ich bin Ina.

Ich mag

Ich bin Ali.

Ich mag

Ich mag dich, Tiger.

Ich mag dich, Bär.

L l

Lina sucht L.

Ina sucht l.

Tiger sucht i .

Ali sucht A und l und i .

Lili sucht Lili .

Der kleine Bär
ging jeden Tag mit der Angel fischen.

Und der kleine Tiger
ging in den Wald Pilze suchen.

Der kleine Bär
kochte jeden Tag das Essen.
Denn er war ein guter Koch.

Janosch

U u

Uli sucht
Ina.
Lili sucht
Ina.

Ulla sucht
Ali.
Tiger
sucht
Bär.

14

Uli und Ulla

15

T t

Till mag Tiger. Till sucht Tiger.

17

Einmal sagte der kleine Tiger zum kleinen Bären:
"Komm, wir gehen in die Stadt
und ich zeige dir,
wie man über die Straße gehen muss.
Ich bin heute deine Mutter."
"Oh ja", rief der kleine Bär,
"da bin ich hochbegeistert."

Bis zur Stadt war es nicht weit.
Vorn ging der kleine Tiger,
hinten der kleine Bär.

Riesenverkehr von allen Seiten!

Und da standen sie dann und wussten nicht,
wie sie über die Straße gehen sollten.

Die Autos rasten
von links nach rechts
und von rechts nach links,
keine Rettung in Sicht.

Da kam aber Herr Bibernasel
und sagte:
„Am besten könnt ihr
über die Straße gehen
bei einer Ampel, Jungs."

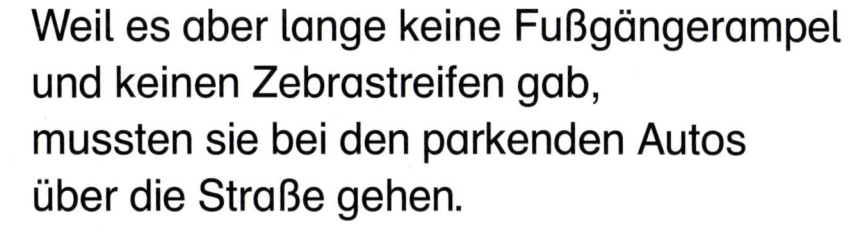

Weil es aber lange keine Fußgängerampel
und keinen Zebrastreifen gab,
mussten sie bei den parkenden Autos
über die Straße gehen.

„Jungs", sagte eine gute Frau,
„wenn ihr zwischen den parkenden Autos
über die Straße gehen müsst,
dann müsst ihr so weit nach vorne gehen,
bis ihr die Fahrbahn ganz überblicken könnt.
Dann stehen bleiben und sich umschauen."

„Jawohl: Der Bär ist nicht dumm
und schaut sich erst um."

Janosch

N n

Nalan Nelkenstr. 9
an der 🥨 ⬆
an der 🕊 ↰
an der 🅗 ↱

Nalan

Nina sucht die 🥨.

Till sucht die 🕊.

Nina und Till suchen die 🅗.

BLUMEN
NELKEN STR.
Post
Ninos Nudeln
Nähstube
Bäckerei Nimm

O o

Ich mag
Ich mag

Loni mag 🍶.

Olli holt 🍊🍊.

Toni sucht 🍦.

Lina holt 🥛.

Tiger sucht 🍄.

Bär sucht 🍯.

O!

Toll!

S s

Los, Lisa!
Los, Lisa, los!

Wo ist Till?

Toll, Susi!

Na los, Ali!

O!

1, 2, 3, los, Tiger!

Einmal sagte der kleine Bär:
„Wo gehst du denn hin, Tiger?"

„In die Schule", sagte der kleine Tiger.

„Was tust du denn in der Schule?",
fragte der kleine Bär.

„Lernen."

„Was willst du denn lernen, Tiger?"

„Schnarchen, brummen und pfeifen."

„Oh, dann komme ich aber mit",
rief der kleine Bär.
„Da bin ich hochbegeistert."

Und so gingen sie zusammen
in die Schule für kleine Tiere.

Janosch

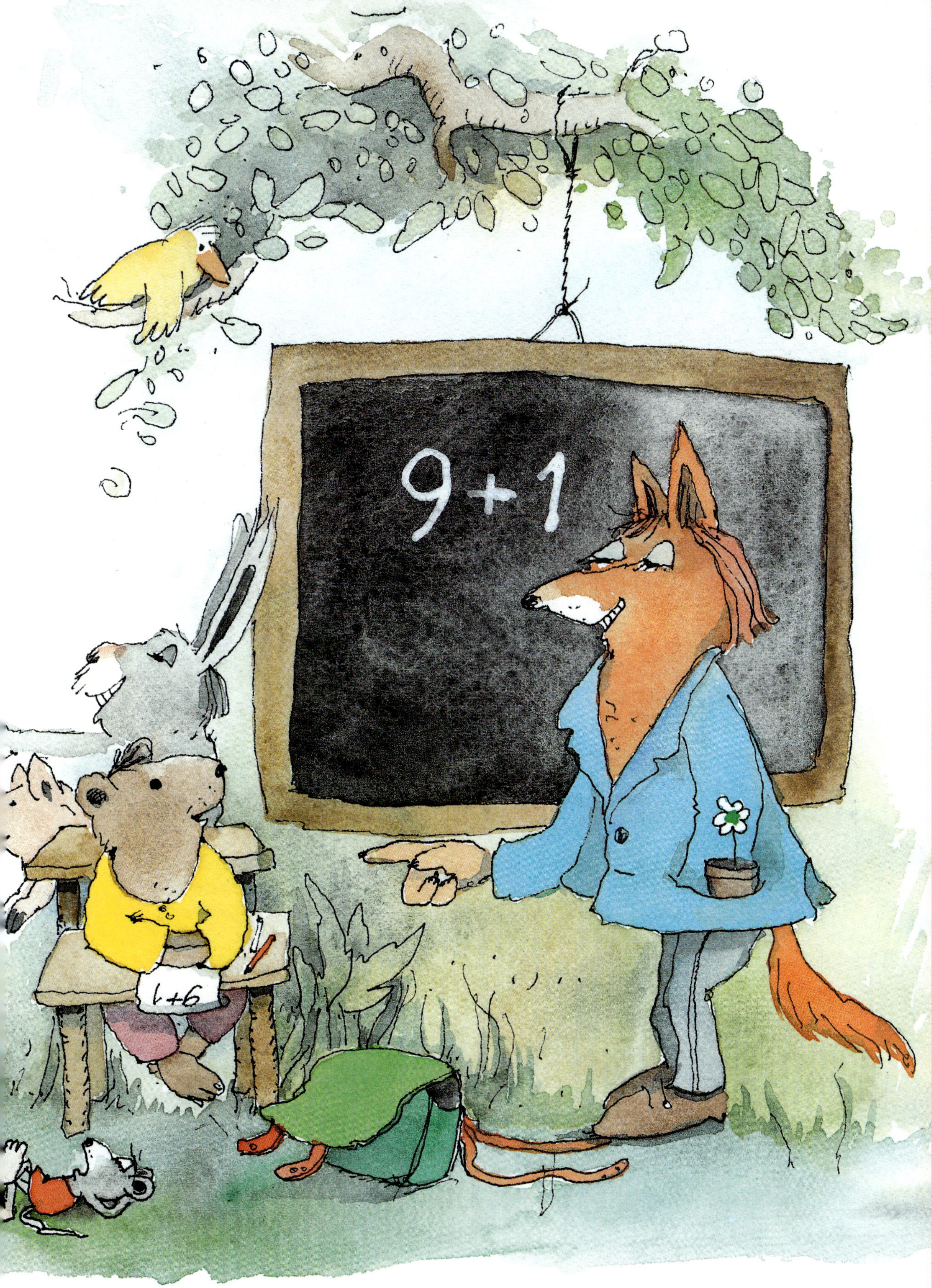
9 + 1
1+6

M m

Mama

Oma mit Mama

Mama malt toll.

Mami nimmt Till mit.

Mama sucht Tina und Till.

Mama im Amt

Mami als Mann

E e

Lisa: Es ist ▢ mit ▢.

Elisa: Es ist der Esel.

Es ist ▢ mit ▢.

Toni: Es ist die Ente.

Es ist ▢ und ist im ▢.

Anne: Es ist …

Es ist ▢.

Enno: Es ist …

Es ist ▢ mit ▢.

R r

Rate, rate und rate

Es ist rot.
Ist es . . . ?

Es ist rot und rund.
Ist es . . . ?

Es ist rot und rund und es rollt.
Es ist rot und rund und es rasselt.

Ist es…?

Ist es…?

Teller
Rose
Trommel
Taler
Sonne
Torte
Tomate
Rassel

31

D d

Die Wunderdose

Die Dose ist für dich.

Danke Omi, danke!

W w

Was ist in der Dose?

Du wirst
dich wundern.

Was tut man mit dem 🗡 ?

Nimm es, wenn du 😟 .
Wer das 🗡 findet, soll mit dir reden.

Wo ist Sinas 🗡 ?
Mit wem will Sina reden?

Sina will mit Dino reden.
Er ist immer so wild.

Mit wem willst du reden?

F f

Ina, Dino und Flora falten
und malen für das Lesefest.

Ei ei

Die Eltern lesen mit und feiern mit.

Meise

Seil

mein

Leiter

Eisen

Eis

Reiter

Die Eltern raten.
Die Eltern reimen.
Wer findet den Reim? Eine Mutter filmt alles.
Alle finden das Fest toll.

Einmal sagte der kleine Tiger zum kleinen Bären:
„Soll ich dir mal was sagen?
Ich brauche dringend ein Fahrrad."
„Wozu brauchst du dringend ein Fahrrad?",
fragte der kleine Bär.

„Erstens muss ich akrobatisch durch die Gegend kurven",
rief der kleine Tiger.
„Zweitens muss ich in die Ferne schweifen.
Und drittens muss ich meine Braut besuchen.
Maja Papaya."

Da rief der kleine Bär:
„Kommt nicht in die Tüte, Rad fahren ist viel zu gefährlich.

Du bist doch ein Tausendsassa.
Du würdest durch die Straßen rasen
wie eine wilde Hummel – und dann rrrr – kommt
ein Auto von hinten und du schaust dich nicht um.
Abgelehnt, mein lieber Tiger, abgelehnt.
Kein Fahrrad und basta aus."

Ab sofort hatte der Tiger keine Lust mehr zu essen
und am liebsten hatte er auch keine Lust mehr zu leben.

Da ging der kleine Bär zum großen dicken Waldbär
und sagte: „Der kleine Tiger will ein Fahrrad.
Ich sage, das kommt nicht in die Tüte,
denn das ist viel zu gefährlich.
Und was sagst du?"

„Und ich sage, es kommt in die Tüte",
brummte der große dicke Waldbär.

Janosch

P p

Mein Papa

Papa ist Pilot

Tierarzt Dr. Wunder

Mein Papa ist …

Mein Papa mag …

Mein Papa sucht …

Mein Papa …

Tipsi

Peter

Pia

Pf pf

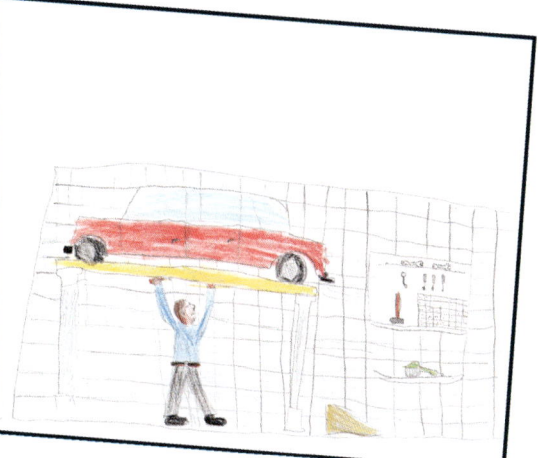

Pippi

Das ist Pippi

mit den roten .

Das ist Pippis

mit dem Apfel .

Dort ist Pippi alleine

mit einem Pferd

und dem Affen Nilsson.

Wer ist mein Papa?

Pippis Papa ist Pirat.

K k

Konnis Kalender

MO	KINDERTURNEN
DI	Musik
MI	Malkurs
DO	Karate
FR	
SA	Mit Opa ins Kino
SO	

KINO
die DINOS kommen

MO
Kiki kommt

SILKE
30 12 69

KINDERFEST

Fest Waldbär
Tel: 330145

Was denkt Nicki?

ck

Kommissar Knack, kommen Sie sofort!

Nun das Wetter.

Flecki entfernt sofort Dreck und alle Flecken!

Diese Flocken sind so lecker!

Krokodile am Nil

Mit einem Trick sind die Socken sofort trocken!

Tolle Locken mit Locklack!

Doof!

Toll! Das merke ich mir!

41

Au au

Kauf ein im Reimemarkt

Das findest du:

eine 🐭 für den Klaus

einen Pfau 🦚 für die Frau

ein Kilo Kraut für Frau Traut

eine 🧱 für Otto Sauer

eine Fackel 🔥 für den 🐕

für Anne eine 🫖,

eine Wanne und eine Tanne.

nach Friedl Hofbauer

Und was soll ich kaufen?

Im Supermarkt

B b

Frau Tauber ruft: Nein, basta!

Britta bettelt: Bitte, bitte, Mami. Kauf mir Kekse.

Boris: Ich will aber ein Eis!

Sabine: Ich mag Bonbons!

Boris mault: So ein Mist!

Als der kleine Tiger Geburtstag hatte,
kamen fast alle Tiere des Waldes ihm zu gratulieren.

„Ich schenke dir eine Mütze",
sagte der Mann mit der langen Nase,
„denn eine Mütze wärmt."

„Ich schenke dir eine Mücke", quakte der Frosch,
„denn Mücken sind meine Leibspeise."

„Ich schenke dir ein Küsschen",
sagte Maja Papaya mit dem blauen Zopf,
„denn ich liebe dich."

Aber der große dicke Waldbär, die Tante Gans
und der kleine Bär schenkten ihm zusammen
ein Tigerbikel-Fahrrad.

„Oh, Mann", sagte der kleine Tiger,
„das ist ja die totale Sause.
Ich danke euch von Herzen."

Und der kleine Bär
schenkte ihm
einen Fahrradhelm extra.

Janosch

45

H h

Hundert
Hundert Hasen
Hundert Hasen hoppeln
Hundert Hasen hoppeln hin
Hundert Hasen hoppeln hin und her.
Her und hin hoppeln hundert Hasen.

| Ober | poppel | hoppel | Hase |

Oberpoppelhoppelhase
hoppelt in dein Haus,
hoppelt wieder raus,
und du bist aus.

Dagmar Binder

Hinterm Haus hocken hundert Hasen.
Hundert Hasen rasen auf dem Rasen.
Hundert Hamster hamstern Hafer.

Hallo, hier ist Hasi.

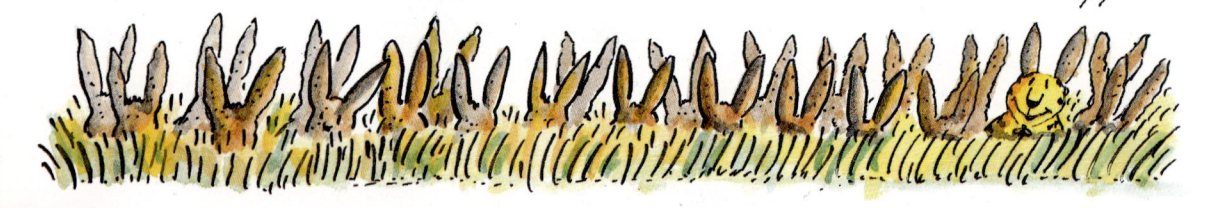

ie

Frau Liese wohnt neben Herrn Riese.
Herr Riese hat einen Hahn,
den Hahn Frieder.

Frau Liese murrt:

Ihr Hahn 🐔.

Herr Riese antwortet:

Na und! Eine 🐈 miaut. Ein 🐕 bellt.
Und Frieder 🐔.

Frau Liese ruft:

Eine 🐈 miaut leise.

Ein 🐕 bellt nur, wenn einer kommt.

Aber Frieder 🐔 immer um 🕔 Uhr,

und wie.

Er weckt alle auf.

Ich will aber bis um 🕖 Uhr 🛏 .

Ihr Hahn darf erst um sieben Uhr 🐔 .

ch

Krach im Dach

Mein Onkel Paul hat ein altes Bauernhaus.
Manchmal darf ich ihn besuchen.
Einmal krachte es mitten in der Nacht.
Ich wachte auf und machte Licht.
Da kam auch Onkel Paul:
„Ist alles o.k.?
Ich sehe nach, woher der Krach kam.
Kommst du mit, Micha?"

Uuuu, wie unheimlich!

V v

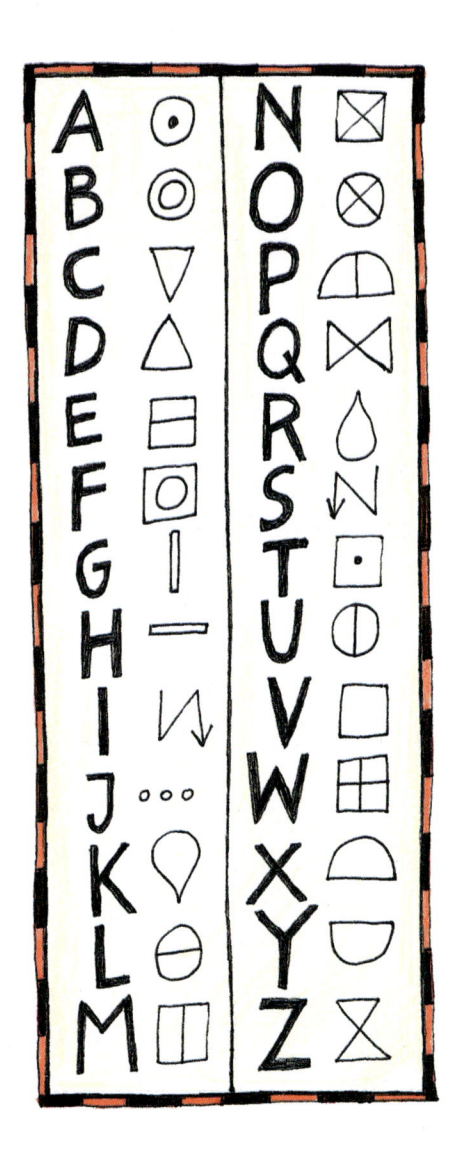

Verena will sich mit David und Eva treffen.
Niemand soll wissen, wo.
Sie malt eine Nachricht.

Vielleicht kannst du die Nachricht lesen?
Versuche es.

Verraten verboten!

Ä ä   Ö ö   Ü ü

Wenn der Bär nach Hause kommt

Wenn der Bär nach Hause kommt,
dann kommen alle her,
denn immer hat er was dabei
und manchmal auch noch mehr.

✶

Wenn der Bär mal müde ist,
dann hüpft er in sein Bett.
Die Bärin holt sein liebstes Buch
und das ist doch sehr nett.

✶

Wenn er nichts zu fressen hat,
dann sucht der Bär sich Futter.
Und wenn er selbst nichts finden kann,
dann holt er seine Mutter.

nach Frantz Wittkamp

Wenn der Bär mal böse ist,
dann…

Wenn der Bär mal Äpfel holt,
dann…

Wenn der Bär mal Flöhe hat,
dann…

Kennst du diese Bären?

Und was für ein Bär bin ich?

Braunbären ruhen im Winter in einer Höhle.
Dort kommen auch die kleinen Bären auf die Welt.
Sie sind so klein wie Ratten.

Pandas fressen Bambus.
Deshalb können sie nur dort leben, wo Bambus wächst.
Man nennt sie auch Bambusbären.

Der kleine Koalabär bleibt immer bei seiner Mutter.
Er reitet auf ihrem Rücken.
Sie nimmt ihn überall mit hin.

51

Sch sch

Schenk mir ein Schlenkerle

Du brauchst:

2 Bierdeckel oder Pappe

Stoffreste

Wollreste

2 Knöpfe  oder dicke Perlen

Schnur

So kannst du ein Schlenkerle basteln:

①

- Bohre 2 Löcher in einen Bierdeckel.

- Schiebe eine Schnur durch die Löcher.

- Male ein 🙂 und klebe es auf den Bierdeckel.

- Klebe Wollhaare an.

52

②
- Klebe Stoff auf den anderen Bierdeckel.
- Bohre drei Löcher in den Bierdeckel.
- Knote den Kopf und die Schlenkerbeine fest.

③
- Schreibe einen Wunsch auf.

Sabine Lohf

53

Einmal kam der kleine Tiger
aus dem Wald gehumpelt,
konnte nicht mehr gehen,
nicht mehr stehen und fiel um.
Legte sich unterwegs,
mitten auf der Wiese,
einfach auf die Erde.

Sofort kam der kleine Bär gelaufen und rief:
„Was ist, Tiger, bist du krank?"
„Oh ja, ich bin so krank", rief der kleine Tiger,
„ich kann fast nichts mehr bewegen."
„Halb so schlimm", sagte der kleine Bär,
„ich mach dich gesund."

„Wo tut es dir denn ungefähr weh?",
fragte der kleine Bär, „zeig mal!"
„Hier", sagte der kleine Tiger
und zeigte zuerst auf die Pfote.
„Und dann hier die andere Pfote.
An den Beinen auch
und vorn und hinten
und rechts und links
und oben und unten."

„Überall?", fragte der kleine Bär,
„dann muss ich dich tragen."
Und er trug ihn nach Haus.

„Du musst mich aber verbinden", rief der kleine Tiger.
„Jawohl, ganz klar", sagte der kleine Bär.

Als der kleine Tiger verbunden war,
ging es ihm schon ein wenig besser.
Aber dann ging es ihm wieder ein wenig schlechter,
denn er hatte Hunger.
„Ich koch dir was Dolles", sagte der kleine Bär,
„sag mir doch mal deine Leibspeise!"

Janosch

G g

Geisterverse

Dem Geist erschien ein Gummibär
und fragte ihn, wie spät es wär.

Huhu!

Wie spät ist es?

Dem Geist erschien ein Murmeltier,
das schlief bis nachmittags um vier.

Huhu!

Dem Geist erschien ein Elefant,
worauf der Geist im Schrank verschwand.

Huch!

Dem Geist erschien ein Krokodil,
worauf der Geist in Ohnmacht fiel.

Dem Geist erschien

ein Känguru    ein Trampeltier    ein Gockelhahn

ng

Oliver kocht

Oliver liebt Geister,
Monster und Vampire.

Er hat eine tolle Idee.
Er macht ein Geister-Essen
für Vanessa und Papa.

Er braucht dafür:
Brot
Tomaten
Gurken
Salat
Wurst
Butter
harte Eier
Senf

Dann kocht er noch
einen Vampir-Pudding.
Auf der Packung findet er
die Anleitung.
Auf den Pudding
kommt roter Sirup.

Ich mag lieber Tiger-

Vanessa ruft: „Ich habe Hunger!"
Papa fragt: „Dauert es noch lange?"

57

Wie heißt das Tier?

Es ist nicht groß.
Es ist sehr schnell.
Es hat keine tausend Füße.

Weißt du seinen Namen?

Wie heißt die Blume?

Sie hat große, gelbe Blüten.
In den Blüten ist süßer Saft.
Der Hase frisst sie gern.
Sie heißt auch Hasensalat
oder Pusteblume.

Weißt du ihren Namen?

Weißt du auch ein Rätsel?

Joschkas Jacke

Nach der Schule kann Joschka seine Jacke nicht finden.

„Hast du meine Jacke gesehen?", fragt er Anja.

„Nein", sagt Anja.

„Hast du meine Jacke gesehen?"

„Nö", sagt Jakob.

„Hast du meine Jacke gesehen?", fragt er Jonas.

„Nee", sagt Jonas. „Oder doch. Schau mal dort! Hat Jan nicht deine Jacke an?"

Ist deine Jacke blau?

Hat deine Jacke Knöpfe oder…?

Ist deine Jacke…?

St st ☆   Sp sp 🕷

Pass auf! Spring höher.

Was spielt ihr da?

Hoffentlich schaffe ich es!

Prima, Stella!

<u>Spaß oder Streit?</u>

Das war doch nur Spaß!

Das stimmt nicht!

Du bist gemein!

Immer Steffi!

Hau bloß ab!

War es nur Spaß? Sucht Steffi Streit? Warum stört Steffi?

60

Streit, Streit, Streit,
es ist sehr schnell soweit …

Eu eu

Abenteuer

Da kommt
das kleine Känguru aus der Tür,
mit einem Koffer in der Hand.

„Nanu", sagt seine Mutter.
„Willst du verreisen?"

„Ja. Ich will Abenteuer erleben",
sagt das kleine Känguru.

Die Mutter fragt:
„Und dafür braucht man
einen Koffer?"

„Da ist alles drin,
was man für ein Abenteuer braucht",
sagt das kleine Känguru.

Es öffnet den Koffer.
„Schau mal: ein Seil, ein Fernglas
und eine Taschenlampe!"

„Viel Spaß!", sagt die Mutter.
„Und geh nicht weit weg.
Um halb eins gibt es Mittagessen."

Erst hüpft das kleine Känguru
bei seiner Freundin vorbei,
der Springmaus.
Abenteuer erlebt man nämlich
am besten mit Freunden.
„Hallo, Springmaus", sagt es.
„Wir gehen gemeinsam auf Abenteuer."

Paul Maar

C c

Geschichten von uns

Fatma:

Ich wollte so gerne schwimmen lernen.
Ich hab mich aber nicht getraut.
Da hat Carolin mit mir geübt.
Nun kann ich es.

Claudia:

Ich habe ein neues Computerspiel.
Ich könnte immer damit spielen.
Aber ich darf nicht.

Rocco:

Als wir in den Urlaub geflogen sind,
durfte ich mit meinem Bruder Marco
ins Cockpit.

Ch

Christian:

Ich war in den Ferien bei Opa Christoph auf dem Bauernhof.
Wir haben gerade Pferdeäpfel gesammelt.
Da rannte meine Schwester Jessica vorbei und fragte, was wir mit dem Mist machen.

Opa sagte:
„Die Pferdeäpfel kommen auf die Erdbeeren."

„Was, auf die Erdbeeren?", staunte Jessica.
„Wir tun immer Sahne darauf."

Ich hab in China echte Pandas gesehen!

X x

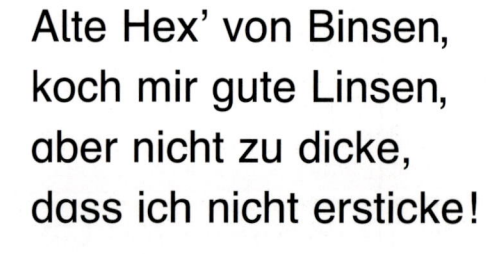

Alte Hex' von Binsen,
koch mir gute Linsen,
aber nicht zu dicke,
dass ich nicht ersticke!

Eins, zwei, drei,
vier, fünf und sechs,
hinaus, hinaus,
du kleine Hex'!

Brix, brax, brex,
spring, kleine Hex'!

Wumbalada, wumbalada,
wumbalada wiste.
Hexamine, Examine,
ulla abalaba mine,
pi pele oktenta,
po, no, tektenta.

Y Y y

Alex und Yvonne hören gern
Geschichten von Hexen.
Die sind so schön lustig
und ein bisschen gruselig.

Alex und Yvonne kuscheln sich
dann aneinander
und Yvonne hält ihren Teddy fest.
Der Teddy ist schon alt.
Aber Yvonne mag ihn
und braucht ihn auch beim Einschlafen.

Ich brauche keinen Teddy.
Ich mag Maja Papaya
mit dem blauen Zopf.

Z z

Wem tut kein Zahn weh?

Heute hatte Arbeit,
fast zu viel,
Tierzahnarzt Max Halifax.
Tiger, Zebra, Krokodil,
Bär, Hirsch, Frosch,
Kalb, Fuchs und Dachs,
Nilpferd, Pony,
Has und Reh
kamen an:
„Ein Zahn tut weh!"

So riefen sie
und klagten sehr.
Einer hat gelogen.
Wer???

Josef Guggenmos

Ich hab nicht gelogen!

tz

Morgens, abends,
nach dem Essen
Zähne putzen nicht vergessen!

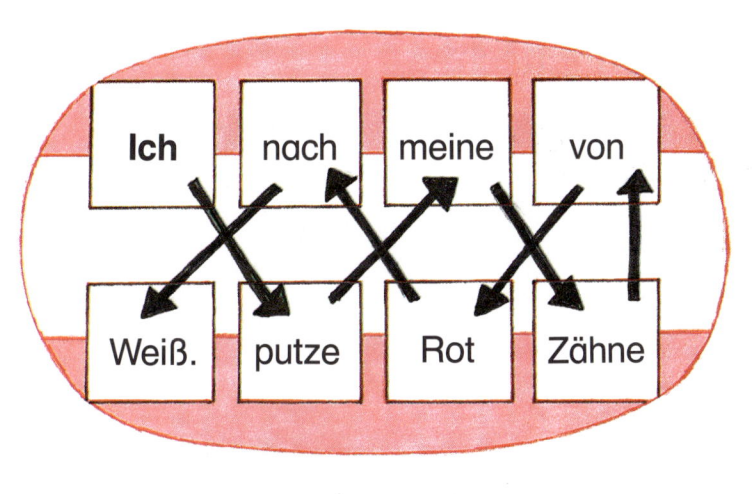

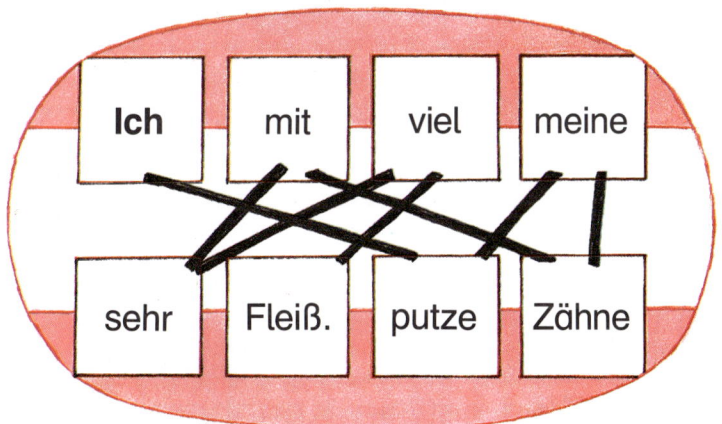

Ich	nach	meine	von
Weiß.	putze	Rot	Zähne

Ich	mit	viel	meine
sehr	Fleiß.	putze	Zähne

Morgens, wenn ich früh aufsteh,
abends, wenn zu Bett ich geh,

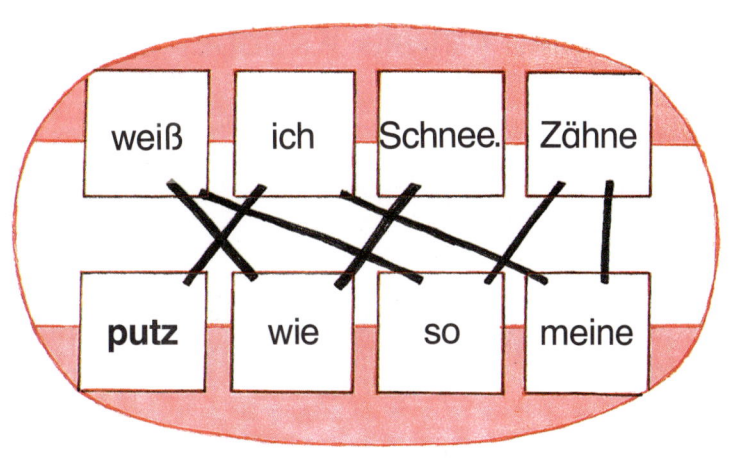

weiß	ich	Schnee.	Zähne
putz	wie	so	meine

Zähneputzen ist von Nutzen!

Äu äu

Eine Mäuse kinder geschichte

Eine Maus hat im Sommer Kinder gekriegt,
fünf kleine Mäuschen.

Die Mäusemutter hat ihren Kindern
Namen gegeben.

Das erste   Kind hat sie Knabbereins genannt.
Das zweite Kind hat sie Knabberzwei genannt.
Das dritte Kind hat sie Knabberdrei genannt.
Das vierte Kind hat sie Knabbervier genannt.
Das fünfte Kind hat sie Knabber…

Angeführt! Angeführt!
Das fünfte Kind hat sie Knabbermäuschen genannt.
Denn die Mäusemutter
hat nur bis vier
zählen können.   *Elisabeth Stiemert*

Ich wär auch gern ein Tigermäuschen!

Qu qu

Das neue Haustier

Was bringt der Quirin da nach Haus?
Ein Haustier, eine weiße Maus!

Seine Mama quält das sehr:
„Diese Maus kommt hier nicht her!"

Doch Quirin kümmert sich nicht drum,
die Maus läuft kreuz und quer herum.

Nur einmal schaut der Quirin weg,
da schlüpft die Maus in ein Versteck!

Spurlos bleibt sie nun verschwunden
und keiner hat die Maus gefunden.

Doch bald kam sie von selbst zurück,
doch nicht allein – mit Mutterglück!

Einmal, als der kleine Bär wieder zum Fluss angeln ging,
sagte der kleine Tiger:
„Immer, wenn du weg bist, bin ich so einsam.
Schreib mir doch mal einen Brief aus der Ferne,
damit ich mich freue, ja!"

„Ist gut", sagte der kleine Bär
und nahm gleich blaue Tinte in einer Flasche mit,
eine Vogelfeder, denn damit kann man gut schreiben.
Und Briefpapier und einen Umschlag zum Verkleben.

Unten am Fluss hängte er zuerst einen Wurm an den Haken
und dann die Angel in das Wasser.

Dann nahm er die Feder und schrieb mit der Tinte
auf das Papier einen Brief:

> Lieber Tiger!
> Teile dir mit, dass es mir gut geht,
> wie geht es dir? Schäle inzwischen
> die Zwiebeln und koch Kartoffeln,
> denn es gibt vielleicht Fisch.
> Es küsst dich dein Freund Bär.

Dann steckte er den Brief in den Umschlag
und verklebte ihn.

Abends nahm er den Fisch und den Eimer,
die Tinte und die Feder und auch gleich den Brief mit
und ging nach Haus.

Er rief schon aus der Ferne vom kleinen Berg herunter:
  „Po-st-für-den-Ti-ger!
    Po-st-für-den-Ti-ger!"

Aber der kleine Tiger hörte ihn nicht,
weil er hinter dem Haus lag.
Hatte keine Zwiebeln geschält und keine Kartoffeln gekocht.
Hatte zu nichts Lust gehabt, weil er wieder so einsam war.

Und jetzt wollte er keinen Brief mehr.

In der Nacht weckte der kleine Tiger
den kleinen Bären und sagte:
„Ich muss dir schnell noch etwas sagen,
ehe du einschläfst.
Könntest du mir morgen
den Brief etwas eher schicken?
Vielleicht durch einen schnellen Boten?"

Janosch

Start | **A a** | **B b** | **C c** | **D d**

Würfle und rücke vor.
Wenn du auf ein rotes Feld kommst,
darfst du vorlesen.

W

Als die jungen Wanderratten
keine Lust zum Wandern hatten,
blieben sie ganz lang im Bett
und fanden es dort auch sehr nett.

Z

In meinem kleinen Kinderbett,
da schläft ein Nilpferd, groß und fett.
Doch kaum hat mich das Tier gesehn,
da läuft es weg und du musst gehn!

M

Sieben Salamander
sind sauer aufeinander.
Sie sehen sich nicht an.
Nach sieben Tagen dann
sind die sieben Salamander
wieder glücklich miteinander.

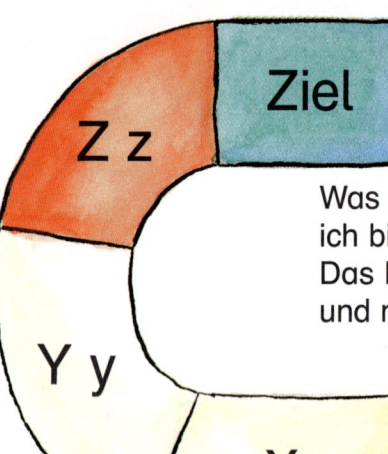

Z z | **Ziel**

D

Was immer auch dagegen spricht,
ich bin ein kluges Tier.
Das Dumme ist, man merkt es nicht,
und niemand glaubt es mir.

Y y | **X x** | **W w** | **V v** | **U u**

76

e　　F f　　G g　　H h　　I i　　J j

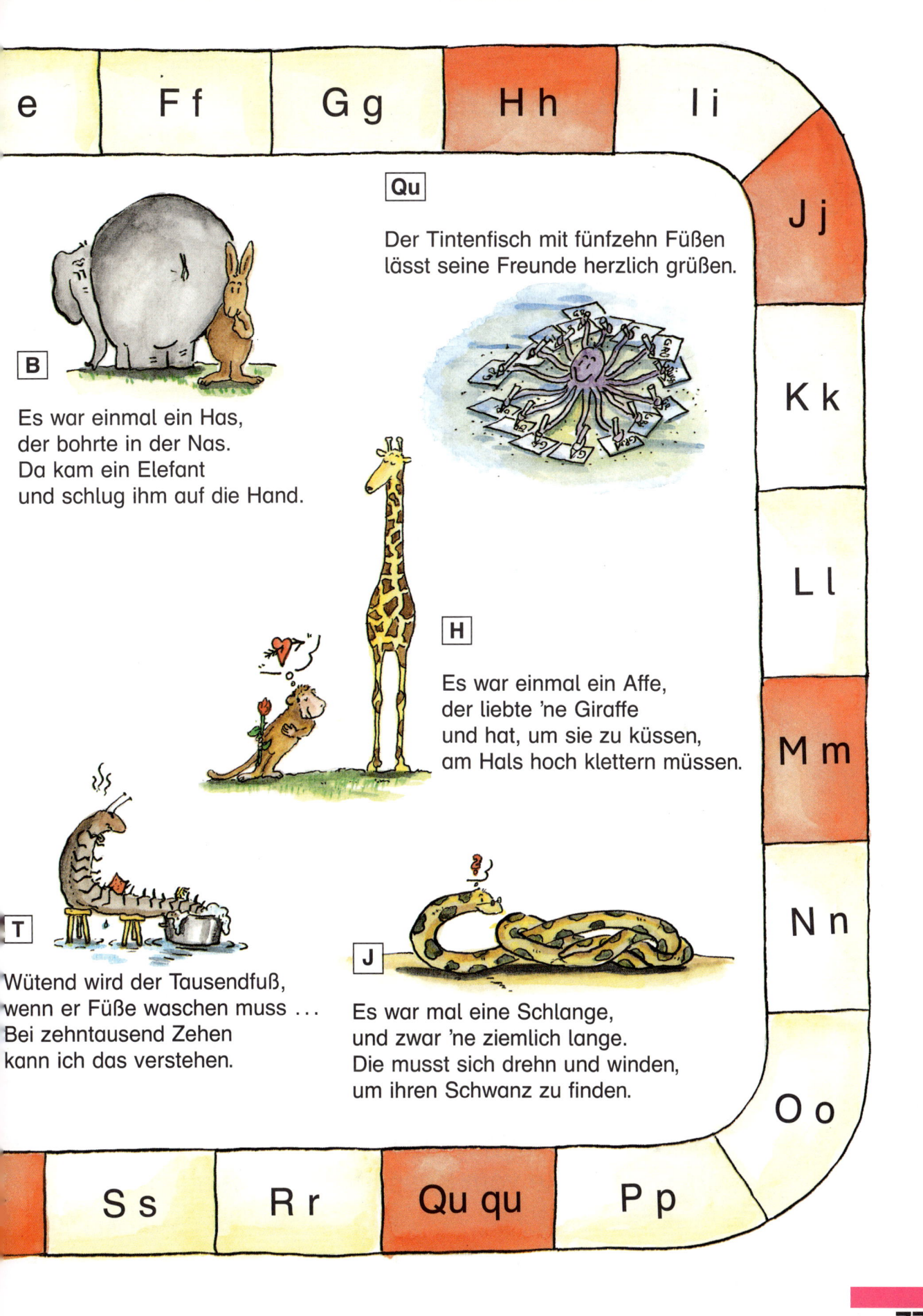

Qu

Der Tintenfisch mit fünfzehn Füßen
lässt seine Freunde herzlich grüßen.

B

Es war einmal ein Has,
der bohrte in der Nas.
Da kam ein Elefant
und schlug ihm auf die Hand.

K k

L l

H

Es war einmal ein Affe,
der liebte 'ne Giraffe
und hat, um sie zu küssen,
am Hals hoch klettern müssen.

M m

T

Wütend wird der Tausendfuß,
wenn er Füße waschen muss …
Bei zehntausend Zehen
kann ich das verstehen.

J

Es war mal eine Schlange,
und zwar 'ne ziemlich lange.
Die musst sich drehn und winden,
um ihren Schwanz zu finden.

N n

O o

S s　　R r　　Qu qu　　P p

77

Die Geschichte vom Wanderkuss

Kennt ihr die Geschichte vom Kuss,
der ewig wandern muss?
Sie ist wirklich wahr, denn meine Oma
hat ihn mir gegeben, den dicken Kuss.
Ich habe ihn meiner Mutter
geschenkt
und die hat ihn meinem Vater
auf die Backe gedrückt.

Mein Vater hat ihn lange für sich behalten
und ihn auch über Nacht
noch mit ins Bett genommen.
Aber am nächsten Morgen
hat dann mein kleiner Bruder
den dicken Kuss bekommen.
Gleich darauf ist er damit
in den Garten gerannt
und hat ihn unserem Opa gegeben.

So wird der Kuss
wieder zur Oma gekommen sein.
Denn vorhin hat mich die Oma
schon wieder mal so in den Arm genommen.
Und wisst ihr, was hinterher auf meiner Backe saß?
Ein dicker Kuss. Au Backe!

Nun kann sie nämlich noch mal von vorn losgehen,
die Geschichte vom Kuss, der ewig wandern muss.

Michail Krausnick

79

Hannes lässt die Fetzen fliegen

Hannes klingelt Sturm.
Er muss Mama
dringend etwas erzählen.
Etwas ganz Tolles.
Etwas Einmaliges.
Ein Zirkus kommt!

Hannes hat drei Plakate gesehen.
Ein richtiger Zirkus
war noch nie hier!
Mama öffnet die Tür.
„Pssst! Anna-Sofie schläft!
Was machst du denn
für einen Lärm?"

Mamas Stimme
klingt so ärgerlich,
dass Hannes schnell
eine Ausrede erfindet.
„Ich muss mal", sagt er
und verschwindet im Bad.
Dort schließt er die Tür ab
und setzt sich auf den Klodeckel.

Anna-Sofie!
Immer und immer Anna-Sofie!
Für Mama gibt es
nichts anderes mehr!
Hannes wird ihr kein Wort
vom Zirkus erzählen.
Er wird mit Papa sprechen.

Papa ist gestern
für seine Firma
nach Berlin gefahren.
Morgen Abend
kommt er zurück.
Dann wird Hannes ihn
von der Bahn abholen
und unterwegs wird er ihm
die Plakate zeigen.

Mit Papa kann er reden.
Aber mit Mama?
Die hat keine Zeit mehr
für Hannes!
Vor vier Wochen
wurde Anna-Sofie geboren.
Seitdem ist Mama
nicht mehr dieselbe.

Anne Steinwart

Rote Tomaten

Rote Tomaten
und rote Radieschen,
rote Schuhe
für mich und Lieschen,
rote Spangen
in meinem Haar...
Rot finde ich
einfach wunderbar.

Gelbe Mimosen
und gelbe Zitronen,
gelbe Kerne
in Honigmelonen,
gelbe Bänder
in meinem Haar...
Gelb finde ich
einfach wunderbar.

Grüne Gurken
und grüne Bäume,
grüne Wiesen
voll grüner Träume,
grüne Blätter
in meinem Haar…
Grün finde ich
einfach wunderbar.

Blaue Trauben
und blaues Papier,
blauer Himmel
hoch über mir,
blaue Vergissmeinnicht
in meinem Haar…
Blau finde ich
einfach wunderbar.

Goldene Ringe
und goldene Worte,
goldene Zahlen
auf einer Torte,
goldene Sonne
in meinem Haar…
Gold finde ich
einfach wunderbar.

Ute Andresen

Winzig sucht seine Eltern

Winzig, der kleine Elefant, hatte seine Eltern verloren.
Zwei Schweine, die am Fluss lebten,
hatten ihn als Kind angenommen.

Winzig wusste inzwischen, dass die Schweine
nicht seine richtigen Eltern waren.
Aber das machte ihm nichts aus.
Die beiden Schweine hatten ihn nämlich sehr lieb.

Aber Winzig war es oft langweilig,
weil er keine Freunde hatte,
mit denen er spielen konnte.

Im Fluss lebten zwar Krokodile,
die auch einen Sohn in seinem Alter hatten.
Doch mit dem konnte Winzig nicht spielen,
weil er nicht schwimmen konnte.

Außerdem war das kleine Krokodil ein boshaftes Kerlchen.
Wenn es Winzig sah, verspottete es ihn.
„Bist du ein Elefant oder ein Schwein?", sagte es.
„Ich weiß, was du bist! Ein Schweinefant! Haha!
Ein Elefantenschweinchen!
Kleines, dickes Elefantenschweinchen!
Elefantenschweinchen!"

Winzig wurde dann zornig und bespritzte das Krokodil mit Wasser.
Nachher war er immer sehr traurig.

Eines Tages,
als ihn das Krokodil wieder einmal ausgelacht hatte,
ging Winzig weit in die Steppe hinein.
Er wollte allein sein.

Da entdeckte er in der Nähe eines Sandhügels seltsame Spuren.
Die Fußspuren sahen wie seine aus, waren aber viel größer.
Ein großer Elefant musste hier vorbeigekommen sein.

Erwin Moser

EINE NEUE IN DER KLASSE

Ich würde mich am liebsten verstecken. Alle starren mich an. Lacht die mich aus? Ich würde am liebsten im Boden versinken...

Die ist aber schüchtern.

Du wärst auch schüchtern, wenn du da vorne stehen würdest.

Sie sieht nett aus.

Grüß dich. Ich bin die Petra.

Aliki Brandenberg

Sofie und Olli holen Axel, Renate und den dicken Bernd

Sofie und Olli haben Angst vor dem Heimweg.
Gestern waren vor dem Fotoladen zwei Jungen.
Die haben Sofie und Olli geärgert und geboxt.
„Olli, was sollen wir tun?"
„Ich weiß was", sagt Olli.
Er holt Axel, Renate und den dicken Bernd aus der zweiten Klasse.
Jetzt sind sie fünf.
Vor dem Fotoladen warten die beiden Jungen wieder.
Auf einmal drehn sie sich um und gucken ins Schaufenster.
Sofie ruft: „Bäh!"
„Nicht!", sagt Olli, „die können auch Verstärkung holen."
Bernd lacht. „Aber heute sind die mal die Dummen."

Peter Härtling

Die Eule

1

„Schau!", sagt Manuel zu Didi.
„Die Sträucher dort hinten sehen aus wie fliehende Ungeheuer!"

4

Dann finden sie eine zerzauste Sonnenblume.
„Sie könnte eine verzauberte Waldfrau sein", sagt Didi.

2
Didi zeigt Manuel einen alten Baum.
„Sieht er nicht aus wie ein uralter Geist?"
„Tatsächlich!", bestätigt Manuel.

3
„Und dieser Heuhaufen!
Didi, schau, er hat Ähnlichkeit
mit einem Mammut!"

5
Am Abend entdecken sie einen Felsen.
„Wie eine Eule sieht dieser Felsen aus!",
ruft Manuel.

6
Der „Felsen" schlägt seine Augen auf
und breitet die Flügel aus.
„Ihr braucht wohl Brillen!", sagt er.
„Ich bin eine Eule!"

Erwin Moser

89

Meine Schätze

Rebecca:

Ich habe einen Stein, der sieht aus wie eine Rose.
Den hat meine Mama in der Wüste gefunden.
Sie hat ihn mir geschenkt.
Die meisten Steine habe ich draußen gefunden.
Ein paar habe ich auch gekauft.
Das ist mein Lieblingsstein.
Er glitzert so schön.

Özlem:

Ich sammle Stofftiere.
Am liebsten mag ich Paare.
Ich habe Waschbären-Zwillinge
und die beiden Hasen.
Sie heißen Hasi und Haseline.
Hasi hat ein kaputtes Auge.
Ich habe ihn mal hinter dem Ofen versteckt.
Da ist sein Auge geschmolzen.

Christoph:

Ich hebe alles auf, was ich auf der Straße finde.
Viele Dinge kann man noch gebrauchen.
Man kann damit bauen und spielen.
Das Stofftier habe ich im Park gefunden.
Da habe ich die Wäscheklammer
und die Sonnenbrille dazu getan.
So sieht es lustig aus.
Manchmal will meine Mutter den Krimskrams
wegschmeißen. Aber da sage ich nein!

Ich schenk dir…

Ich schenk dir eine weiße Wolke
hoch am Himmel dort.
Ich wünsch dir was!
Was ist denn das?
Es ist ein Zauberwort.

Ich schenk dir einen Kieselstein,
den ich am Wege fand.
Ich wünsch dir was!
Was ist denn das?
Ich schreib's in deine Hand.

Ich schenk dir einen Luftballon,
er schwebt ganz leicht empor.
Ich wünsch dir was!
Was ist denn das?
Ich sag's dir leicht ins Ohr!

Ich schenke dir ein Kuchenherz,
drauf steht: „Ich mag dich so!"
Ich wünsch dir was!
Was ist denn das?
Jetzt weißt du's sowieso!

Dorothée Kreusch-Jacob

Adriano spricht zwei Sprachen

Ich durfte heute mit den Martinis in den Zoo gehen.
Die Martinis,
das sind Herr und Frau Martini,
mein Freund Adriano
und seine kleine Schwester Sabina.
Adrianos Opa und Oma sind vor vielen Jahren
nach Deutschland gekommen.
Die Eltern von Adriano haben eine Pizzeria.
Heute ist Ruhetag.

Im Zoo war an diesem Tag viel los.
Sabina konnte sich von den Affen nicht trennen.
„Vieni qua, Sabi, andiamo dalle giraffe!"
Adriano spricht so gut deutsch wie ich.
Heute habe ich zum ersten Mal gehört,
wie er italienisch spricht.
„Was hast du eben gesagt?", wollte ich wissen.
„Meine Schwester soll schnell machen,
weil wir noch zu den Giraffen wollen."

„Giraffe habe ich verstanden", sagte ich zu Adriano.
„Italienisch ist gar nicht so schwer,
ich versuche es einfach:
Krokodil heißt wohl krokodilo, oder?"
„Nicht ganz!", lachte Adriano.
„Aber du bist schon ganz nahe dran.
Das Krokodil heißt: il coccodrillo."

Auf dem Weg nach Hause wiederholte ich
unseren Zoo noch einmal.
Mühsam nannte ich die Tiere, die Adriano so leicht
in zwei Sprachen hersagen konnte.

L'elefante ist der Elefant.
La zebra ist das Zebra.
Il pappagallo ist der Papagei.
Il leone ist der Löwe.
La giraffa ist die Giraffe.
Il coccodrillo ist das Krokodil.

nach Manfred Hahn

Hahn auf – Hahn zu

Stell dir vor,
du müsstest jedesmal Wasser aus der Erde pumpen
oder vom Brunnen holen, wenn du Wasser brauchst.
Früher war das so. Und das war eine harte Arbeit.
Heute ist das viel einfacher.
Du drehst den Wasserhahn auf: zack – Wasser.
Und weil das so einfach ist,
lassen wir viele Liter Wasser weglaufen.
Wir brauchen ein kleines Zauberwort:
Hahn auf – Hahn zu.
Denn weg ist weg.

Wusstest du das schon?

Das Wasser kommt viel schneller aus dem Hahn,
als du denkst.
Wenn du das Wasser laufen lässt,
bis es schön kalt zum Trinken ist,
sind schon
vier bis fünf Liter durchgelaufen.

Wenn du drei Minuten deine Zähne putzt
und dabei das Wasser laufen lässt,
sind ungefähr
25 Liter Wasser weg.

Was du tun kannst

Wenn du deine Zähne putzt,

machst du die Bürste nass und drehst den Hahn wieder zu. Und zum Ausspülen drehst du den Hahn wieder auf.

20 Liter gespart.

Noch besser:
Benutze einen Becher!

Wasser-Detektiv

Ein tropfender Wasserhahn füllt eine Tasse in 10 Minuten. Wie viel Wasser geht in einer Woche verloren?

eine Kaffeekanne voll

ein Waschbecken voll

eine Badewanne voll

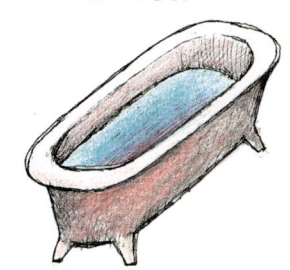

Antwort: eine Badewanne voll

Meike ist blind

Der Wecker klingelt.
Wie spät ist es?
Meike öffnet die Augen.
Aber sie kann trotzdem nichts sehen.
Meike ist blind.
Mit den Fingern tastet sie den Wecker ab.
Er hat kein Glas vor dem Zifferblatt.
Das ist nämlich ein Wecker für Blinde.
Meike fühlt, wie spät es ist.
Höchste Zeit zum Aufstehen.
Meike kann sehr viele Sachen selber machen.
Sie schmiert sich ein Frühstücksbrot
und sie gießt sich Milch ein.
Läuft die Milch über?
Ach was!
Meike steckt einfach ihren Finger in den Becher.
Dann spürt sie, wann er voll ist.

Lisa braucht eine Brille

Lisa sitzt in der Klasse. Sie schaut an die Tafel.
Sie kneift die Augen zusammen.
Irgend etwas stimmt da nicht.
Lisa kann das alles nicht richtig erkennen:
die Bilder nicht und auch die Wörter nicht.
Lisa geht zu ihrer Lehrerin und sagt:
„Ich kann nicht gut sehen."

In der nächsten Woche fragen die Kinder auf dem Schulhof:
„Hey Lisa, hast du eine Brille? Lass mal sehen!"
Felix möchte Lisas Brille aufsetzen. Ist das witzig!
„Durch die Brille sieht man ja alles ganz verschwommen",
wundert sich Felix.
„Ich aber nicht!", antwortet Lisa. „Das ist meine Brille.
Und ich kann damit alles scharf sehen, auch an der Tafel."

Feier-Abend

Papa ist Elektriker.
Er arbeitet
den ganzen Tag.

Morgens ist Papa
in der Firma
und repariert
eine Lampe.

Dann geht Papa
mit dem Werkzeug
in die Wäscherei
und repariert
eine Heißmangel.

Dann geht Papa
mit dem Werkzeug
in den Supermarkt
und legt eine Leitung
für eine Tiefkühltruhe.

Dann geht Papa
mit dem Werkzeug
zu Frau Oster
und repariert
eine Steckdose.

Dann baut Papa
an der Haustür
von Frau Oster
eine Sprechanlage ein.

Dann geht Papa
mit dem Werkzeug
in die Firma.
Papa repariert noch
ein Heizkissen
und einen Föhn.

Abends geht Papa
ohne Werkzeug
nach Hause.
Papa hat frei.

Mama wartet schon
auf Papa.
Im Wohnzimmer
brennt kein Licht.
Papa soll
die Lampe reparieren.

Aber Papa
zündet Kerzen an.
„Wie gemütlich!",
sagt Julia.
„Feier-Abend!",
sagt Papa.

Ute Andresen

Die kleine Maus sucht einen Freund

Die kleine Maus war einsam und allein.
Sie wünschte sich nichts lieber als einen Freund.

Darum lief sie von Tier zu Tier
und fragte:
„Wollen wir Freunde sein?"

„Nein", wieherte das braune Pferd und graste weiter.

Da lief die Maus zum nächsten Tier
und fragte:
„Wollen wir Freunde sein?"

„Nein", klapperte das Krokodil mit seinen scharfen Zähnen
und auch das Vögelchen auf seinem Rücken zwitscherte:
„Nein!"

Da lief die Maus zum nächsten Tier
und fragte:
„Wollen wir Freunde sein?"

„Nein", brüllte der Löwe und schüttelte seine Mähne.

Idee und Bilder: Eric Carle
Text: Viktor Christen

Da lief die Maus zum nächsten Tier …

Ob die kleine Maus einen Freund findet?

Nein, du kannst nicht fliegen.
Nein, du bist so winzig.
Nein, du kannst ja nicht schwimmen.
Willst du mein Freund sein?
Ja, ich will dein Freund sein.
Nein, du bist zu klein.

Hans im Glück

Hans hatte sieben Jahre bei seinem Herrn gedient.
Zum Lohn bekam er eine riesige Kugel aus Gold.
Er wickelte die Kugel in ein Tuch
und machte sich auf den Weg nach Hause.

Da kam ihm ein Reiter entgegen.
„Ach!", rief Hans laut. „Wie ist das Reiten schön!"
Da sagte der Reiter: „Willst du tauschen?
Ich gebe dir mein Pferd
und du gibst mir deine Goldkugel."

Hans war froh, als er auf dem Pferd saß.
Aber das Pferd lief immer schneller
und warf Hans ab.
Ein Bauer kam mit seiner Kuh daher.
Hans rief: „Wie froh wäre ich,
wenn ich so eine Kuh hätte!"

Da sagte der Bauer: „Lass uns tauschen.
Ich gebe dir meine Kuh
und du gibst mir dein Pferd."
Fröhlich trieb Hans die Kuh vor sich her.

Die Sonne schien heiß.
Hans bekam großen Durst.
So stellte er seinen Hut unter die Kuh
und wollte sie melken.
Doch die Kuh gab ihm einen solchen Tritt,
dass er hinfiel.

Da kam ein Metzger
mit einem Schwein daher.
Der Metzger sagte: „Lass uns tauschen.
Ich gebe dir mein Schwein
und du gibst mir deine Kuh."
Fröhlich zog Hans mit dem Schwein weiter.

Da traf er einen jungen Mann
mit einer schönen, weißen Gans.
Der Mann sagte: „Im Dorf wurde
ein Schwein gestohlen. Warst du das?"
Da bekam Hans Angst.
Der Mann sagte: „Lass uns tauschen.
Ich gebe dir meine Gans
und du gibst mir dein Schwein."
So ging Hans mit der Gans weiter.

Im nächsten Dorf traf Hans einen Scherenschleifer.
Der sagte: „Du solltest Schleifer werden.
Da wirst du reich. Nimm meinen Schleifstein
und gib mir deine Gans.
Das bringt dir Glück, lieber Hans."
Da gab ihm Hans die Gans und ging fröhlich weiter.

Bald aber wurde Hans müde und durstig.
Er konnte den schweren Stein kaum noch schleppen.
Da sah er einen Brunnen.
Vorsichtig legte er den Stein auf den Rand
und beugte sich zum Wasser.
Da plumpste der Stein in den Brunnen.
Hans war froh, dass er den schweren Stein los war.
Fröhlich ging er nach Hause.

103

Rotkäppchen

Es war einmal ein Mädchen,
das wurde von allen Leuten Rotkäppchen genannt.

Eines Tages sagte seine Mutter:
„Rotkäppchen, geh hinaus zur Großmutter
und bring ihr Kaffee und Kuchen.
Aber geh nicht vom Weg ab
und komm wieder heim, bevor es dunkel ist."

Rotkäppchen nahm den Korb mit Kaffee und Kuchen
und machte sich auf den Weg.

Als es schon ein ganzes Stück gegangen war,
kam plötzlich der Wolf.
„Wohin gehst du?", fragte er.
„Zu meiner Großmutter", antwortete Rotkäppchen.
„Wo wohnt deine Großmutter?"
Rotkäppchen überlegte nicht lange und sagte:
„Du musst bis zur großen Eiche laufen.
Dann siehst du rechts ein kleines Haus am Waldrand.
Da wohnt sie, meine Großmutter."

Der Wolf lief schnell davon.
Rotkäppchen aber ging singend in die andere Richtung,
denn in dem kleinen Haus am Waldrand
wohnte in Wirklichkeit der Jäger.

Manfred Mai

Rothkäppchen.

Der Regenbogenfisch

Weit draußen im Meer lebte ein Fisch.
Er war der allerschönste Fisch im ganzen Ozean.
Seine Schuppen schillerten in allen Regenbogenfarben.
Die anderen Fische bewunderten seine schillernden Schuppen.
Sie nannten ihn Regenbogenfisch.

„Komm, Regenbogenfisch! Komm spiel mit uns!"
Aber der Regenbogenfisch glitt stumm und stolz an ihnen vorbei
und ließ seine Schuppen glitzern.

Ein kleiner blauer Fisch schwamm hinter ihm her.
„Regenbogenfisch, Regenbogenfisch, warte auf mich!
Gib mir doch eine von deinen Glitzerschuppen.
Sie sind wunderschön und du hast so viele!"

„Mach, dass du fortkommst!", rief der Regenbogenfisch.

Erschrocken schwamm der kleine blaue Fisch davon.
Von da an wollte keiner der Fische mehr etwas
mit dem Regenbogenfisch zu tun haben.
Jetzt war er der einsamste Fisch im ganzen Ozean!

Eines Tages klagte er dem Seestern sein Leid.
„Ich bin doch schön. Warum mag mich niemand?"

„In einer Höhle in den Korallen
wohnt der weise Tintenfisch Oktopus.
Vielleicht kann er dir helfen", riet ihm der Seestern.

Der Regenbogenfisch fand die Höhle.
„Die Wellen haben mir deine Geschichte erzählt",
sagte Oktopus. „Höre meinen Rat:
Schenke jedem Fisch eine deiner Glitzerschuppen."

„Aber …", wollte der Regenbogenfisch noch sagen,
doch da war Oktopus schon verschwunden.

Wie könnte ich ohne sie glücklich sein?
Niemals! Nein.
Meine schönen Schuppen verschenken?

Plötzlich spürte er Flossen neben sich.
Der kleine blaue Fisch war wieder da!
„Regenbogenfisch, bitte sei nicht böse.
Gib mir doch eine kleine Glitzerschuppe."

Der Regenbogenfisch zögerte.
Eine ganz kleine Glitzerschuppe, dachte er,
na ja, die werde ich kaum vermissen.

„Vielen, vielen Dank!",
blubberte der kleine blaue Fisch.
„Du bist lieb, Regenbogenfisch."

Es dauerte gar nicht lange,
bis der Regenbogenfisch
von anderen Fischen umringt war.
Alle wollten eine Glitzerschuppe haben.
Und siehe da,
der Regenbogenfisch verteilte
seine Schuppen.
Und er wurde dabei
immer vergnügter.

Schließlich blieb
dem Regenbogenfisch
nur noch eine einzige
Glitzerschuppe.
Alle anderen hatte er
verschenkt.
Und er war glücklich,
glücklich wie nie zuvor!

Marcus Pfister

Erntedank

Im Herbst

Blätter fallen

Falle,
falle,
gelbes Blatt,
rotes Blatt,
bis der Baum
kein Blatt mehr hat,
weggeflogen alle.

Lisa Bender

Sankt Martin

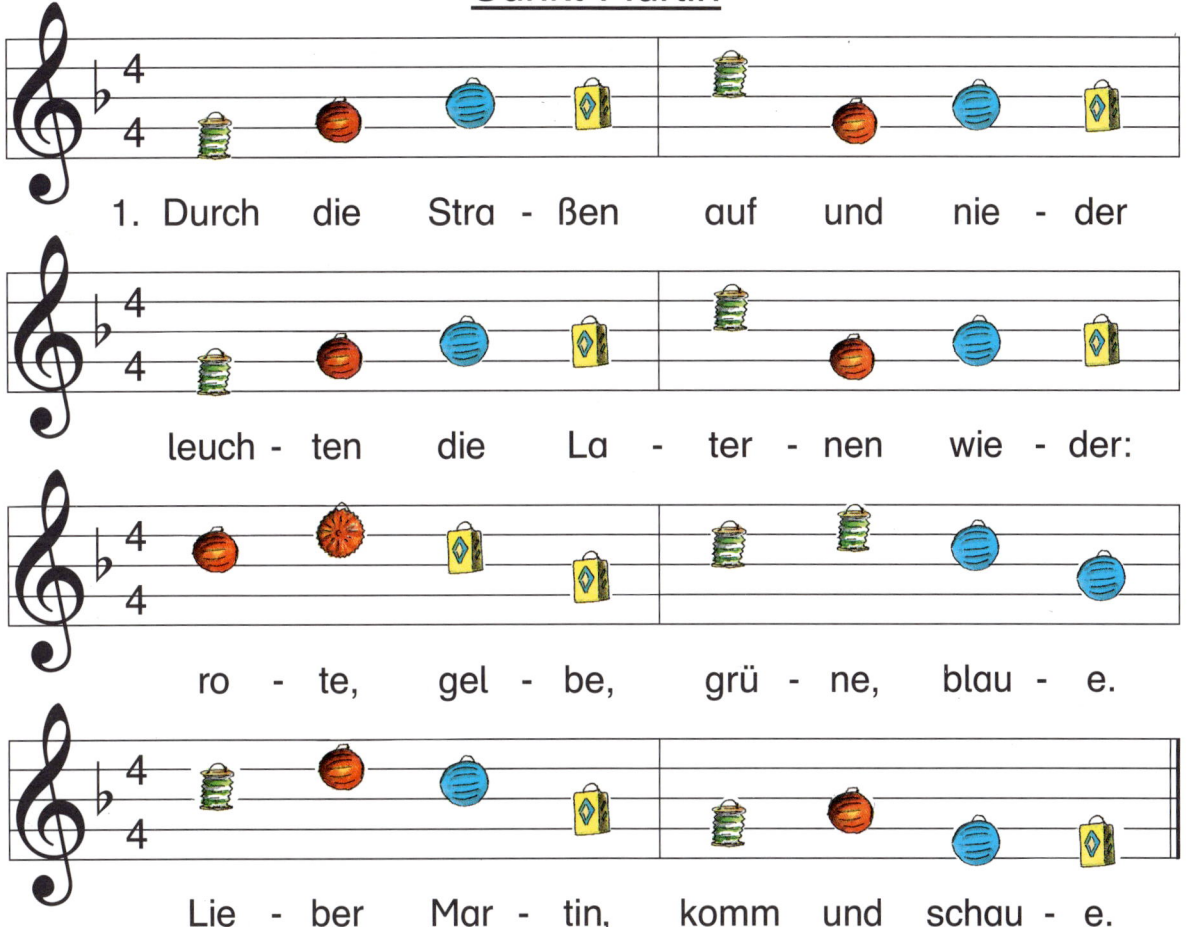

1. Durch die Stra - ßen auf und nie - der
leuch - ten die La - ter - nen wie - der:
ro - te, gel - be, grü - ne, blau - e.
Lie - ber Mar - tin, komm und schau - e.

2. Wie die Blumen in dem Garten
   blühn Laternen aller Arten:
   rote, gelbe, grüne, blaue.
   Lieber Martin, komm und schaue.

3. Und wir gehen lange Strecken
   mit Laternen an den Stecken:
   rote, gelbe, grüne, blaue.
   Lieber Martin, komm und schaue.

Melodie: Richard Rudolf Klein
Text: Lieselotte Holzmeister

Martin teilt.
Was teilst du?

109

Am Tage von Sankt Barbara

Am Tage von Sankt Barbara,
da geht das Jahr zur Neige.
Dann trag ins Haus, von fern und nah,
die kahlen Kirschbaumzweige.

Am Tage von Sankt Barbara
stell Zweige in die Zimmer.
Dann lacht zur Weihnacht, hier und da,
ein weißer Blütenschimmer.

James Krüss

Zum 6. Dezember

Nikolaus, Nikolaus, komm ins Haus.
Ich hoffe, du lässt die Rute aus.
Kinder singen ein Liedchen vor.
Oh höre, wie es klingt im Chor.
Lass mich ein Gedicht aufsagen.
Aber dann möcht' ich auch 'was haben.
Und lass die Großen laufen.
Sie können sich was kaufen.

Kerzenspiel

1. Kind
Seht, die erste Kerze brennt.
Kommt, wir feiern den Advent.
Meine Kerze leuchtet weit
und vertreibt die Dunkelheit.
Seht, die erste Kerze brennt,
und wir feiern den Advent.

2. Kind mit seiner Kerze
Zündet jetzt die zweite an.
Freut euch alle mit daran.
Mit des hellen Lichtes Schein
zieht die Freude bei uns ein.

1. und 2. Kind
Seht, die zweite Kerze brennt,
und wir feiern den Advent.

3. Kind mit seiner Kerze
Seht, drei Kerzen brennen schon.
Gott schickt Jesus, seinen Sohn,
zu uns in die Welt hinein.
Er wird immer bei uns sein.

1., 2. und 3. Kind
Seht, die dritte Kerze brennt,
und wir feiern den Advent.

4. Kind mit seiner Kerze
Ganz behutsam und zuletzt
zünd' ich an die vierte jetzt.
Macht euch alle nun bereit:
Weihnachten ist nicht mehr weit!

Alle vier Kinder mit den Kerzen
Seht, die vierte Kerze brennt,
und wir feiern den Advent.

Alle Kinder mit Kerzen
Kommt ganz nah zu uns heran.
Zündet eure Kerzen an.
Tragt das helle Licht hinaus,
tragt es bis zu euch nach Haus,
dass es immer in euch brennt!
Ja, wir feiern den Advent!

Rolf Krenzer

Die drei Spatzen

In einem leeren Haselstrauch
da sitzen drei Spatzen, Bauch an Bauch.

Der Erich rechts und links der Franz
und mitten drin der freche Hans.

Sie haben die Augen zu, ganz zu,
und obendrüber, da schneit es, hu!

Sie rücken zusammen dicht an dicht.
So warm wie der Hans hat's niemand nicht.

Sie hör'n alle drei ihrer Herzlein Gepoch.
Und wenn sie nicht weg sind, so sitzen sie noch.

Christian Morgenstern

Der Schneemann ist ein dicker Mann
pff – pff – pff
hat einen weißen Mantel an
pff – pff – pff.

Er ist so rund, wiegt hundert Pfund.
Doch wenn die liebe Sonne scheint,
dann wird er klein,
so klein,
so klein.

Hanna Hanisch

Şeker Bayramı

Liebe Nina,

mit unseren Eltern haben wir
das Zuckerfest gefeiert.
Wir feiern es,
wenn das Fasten zu Ende ist.
Wer fastet, darf am Tag nichts essen
und trinken.
Am Zuckerfest sind dann alle froh.
Nun darf man wieder am Tag essen
und trinken.

Nalan   Adnan   Erol

Şeker	**Bayramı**
heißt	heißt
Zucker	**Fest**

Das Zuckerfest

Das Zuckerfest wird jedes Jahr
nach dem Fastenmonat Ramadan gefeiert.
In der Türkei dauert das Zuckerfest drei Tage.
An diesen Tagen besuchen die Menschen die Moschee.
Danach gibt es gutes Essen mit Süßigkeiten.
Darum heißt es Zuckerfest.
Dann besuchen sich alle gegenseitig
und wünschen ein gutes Fest.
Dabei küssen die Kinder den Erwachsenen die Hände
und die Erwachsenen küssen den Großeltern die Hände.
Dies ist ein Zeichen der Achtung.
Als Geschenk bekommen die Kinder
von den Geküssten Süßigkeiten oder Geldstücke.

Schnaddel di daddel

Schnaddel di daddel di duddel di daum
Am Bach auf der Wiese, da steht ein . . .

Schnaddel di daddel di duddel di donne
Jetzt ist es Frühling und warm scheint die . . .

Schnaddel di daddel di duddel di dast
Blätter und Zweige wachsen am . . .

Schnaddel di daddel di duddel di dogel
Auf den Baum setzt sich eines Morgens ein . . .

Schnaddel di daddel di duddel di dest
Im Baumwipfel baut sich der Vogel ein . . .

Schnaddel di daddel di duddel di deier
Ins Nest legt der Vogel drei kleine . . .

Schnaddel di daddel di duddel di dabel
Bald schlüpfen die Jungen und öffnen den . . .

Schnaddel di daddel di duddel di datze
Eines Abends schleicht über die Wiese 'ne . . .

Schnaddel di daddel di duddel di damm
Um die Küken zu fressen, erklimmt sie den . . .

Schnaddel di daddel di duddel di deige
Ganz kräftig schüttelt der Baum seine . . .

Schnaddel di daddel di duddel di diese
Erschreckt springt die Katze zurück auf die . . .

Schnaddel di daddel di duddel di dach
Die Katze flüchtet schnell über den . . .

Schnaddel di daddel di duddel di daum
„Dankeschön" piepst es ganz hoch aus dem . . .

KNISTER

Neues Leben

Die Henne brütet.
Wenn das Küken im Ei groß genug ist, wird es ihm sehr eng.

Erst pickt es mit dem Schnabel ein kleines Loch in die Eierschale.

Das Loch wird größer und größer.

Das Küken braucht all seine Kraft und knackt die Eierschale.

Das Küken ist müde und noch nass und klebrig.

Nun sind die Federn trocken und das Küken kann laufen.

Ostereier

Gäbe es kein Ei,

so gäbe es keinen Brei,

keine Streiter ei,

kein Geschrei.

Es gäbe keinen Stein,

kein Bein,

und nichts wäre klein.

Es gäbe keine Meise

und es wäre niemals leise.

Es gäbe keine Arbeit und keine Eile,

aber auch keine Langeweile.

Meine Mama

> Ich mag meine Mama.
> Sie ist ganz lieb zu mir.
> Sie hilft mir immer
> und weckt mich
> morgens lieb auf.
>   Deborah

Ich freue mich,
wenn ich dich seh,
ich finde dich so nett,
ich schenke dir
mein **H** und **E**,
mein **R** und auch mein **Z**.
Dein Thomas

Frantz Wittkamp

Meine liebe Mutter du,
ich will dir Blumen schenken.
Was ich dir sagen will dazu,
das kannst du dir schon denken:

Ich wünsch dir Glück und Fröhlichkeit,
die Sonne soll dir lachen!
So gut ich kann und allezeit
will ich dir Freude machen.

Denn Muttertage, das ist wahr,
die sind an allen Tagen.
Ich hab dich lieb das ganze Jahr!
Das wollte ich dir sagen.

Ursula Wölfel

Urlaubsreise

Herr Ameis sprach zur Ameisin:
„Wo fahren wir im Urlaub hin?"

Frau Ameisin zum Ameis sprach:
„Ich denk, da denken wir mal nach."

Herr Ameis meinte seinerseits:
„Wie wäre es denn mit der Schweiz?"

Dann schlug er vor: Ecuador,
Kalkutta, Kairo, Ratibor,

Belutschistan, Südafrika,
Peru, New York und Kanada –

worauf Frau Ameisin entschied:
„Genug, wir bleiben in Neuwied",

(da wohnten sie schon lange Zeit),
„denn alles andre ist zu weit."

Rudolf Otto Wiemer

Der Regenbogen

Ein Regenbogen,
komm und schau!
Rot und orange,
gelb, grün und blau!

So herrliche Farben
kann keiner bezahlen,
sie über den halben
Himmel zu malen.

Ihn malte die Sonne
mit goldener Hand
auf eine wandernde
Regenwand.

Josef Guggenmos

Sommerhitze

Kinder, ist das eine Hitze!
Kinder, ist das heute heiß!
Nur zwei Sachen gibt's, die nützen:
Baden gehen oder . . .

Beides ist nicht zu verachten.
Wüsst' ich doch, was besser tät –
wenn man Eis kauft oder lieber
für das . . . . ins Schwimmbad geht!

An 'ner . . . . . . lutsch ich höchstens
zehn Minuten, das ist klar!
Doch wie kühlend ist es, wenn ich
lange Zeit im Wasser war!

Darum nur nicht lang gefackelt,
schnell die . . . . her!
Ist auch unser kleines Schwimmbad
leider nicht das große Meer.

Ah, was macht das Baden Freude!
Hitze? Pah, was stört uns die?
Und wir brausen, schwimmen, spritzen,
springen, tauchen wie noch nie.

Über Wasser, unter Wasser!
Nur recht kräftig Luft geschnappt.
Ja, sogar vom . . . . . zu springen,
hat heut endlich mal geklappt.

Morgen gehn wir wieder baden –
und der Winter ist so weit!
Sonnenschein und Wasserplanschen!
Herrlich ist die Ferienzeit!

Christel Süssmann

Badehose Geld Brett Eis Waffel

Inhaltsverzeichnis

Analyse **Ganzwörter**

	Alle Kinder haben einen Namen	`Wo` `ist` `der` `Bär` `Tiger` `Ina`	2
	■ Tiger und Bär stellen sich vor		4
I i	Mein Name hat verschiedene Buchstaben	`und` `Ali`	6
A a	Ich bin, ich mag	`Ich` `bin` `mag` `dich`	8
L l	So lernen wir einen Buchstaben kennen	`sucht`	10
	■ Was Tiger und Bär jeden Tag machen		12
U u	Mein Tag		14
T t	Gute Nacht, Tiger		16
	■ Tiger und Bär im Straßenverkehr		18
N n	Nina und Till besuchen Nalan	`die` `suchen`	20
O o	Ein gesundes Frühstück	`holt`	22
S s	Ballspiele		24
	■ Tiger und Bär gehen in die Schule		26
M m	Ein Geschenk für Mama		28
E e	Tierrätsel		30
R r	Rate, rate und rate		31
D d W w	Die Wunderdose	`für` `danke` `findet`	32
F f Ei ei	Wir feiern ein Lesefest		34
	■ Tiger braucht ein Fahrrad		36
P p	Mein Papa		38
Pf pf	Pippi		39
K k	Konnis Kalender		40
ck	Was denkt Nicki?		41
Au au	Kauf ein im Reimemarkt		42
B b	Im Supermarkt		43
	■ Tiger hat Geburtstag		44
H h	Hundert Hasen hoppeln hin und her		46
ie	Frieder		47
ch	Krach im Dach		48
V v	Die geheime Nachricht		49
Ä ä Ö ö Ü ü	Wenn der Bär nach Hause kommt		50
	Kennst du diese Bären?		51
Sch sch	Schenk mir ein Schlenkerle		52
	■ Tiger ist krank		54
G g	Geisterverse		56
ng	Oliver kocht		57
ß	Wer weiß die Namen?		58
J j	Joschkas Jacke		59
St st Sp sp	Spaß oder Streit?		60
Eu eu	Abenteuer		62
C c Ch	Geschichten von uns		64
X x	Brix, brax, brex		66
Y y	Schön gruselig		67
Z z	Wem tut kein Zahn weh?		68
tz	Zähne putzen		69
Äu äu	Eine Mäusekindergeschichte		70
Qu qu	Das neue Haustier		71
	■ Post für den Tiger		72
	Würfelspiel		76

Texte zum weiterführenden Lesen	Die Geschichte vom Wanderkuss	78
	Hannes lässt die Fetzen fliegen	80
	Rote Tomaten	82
	Winzig sucht seine Eltern	84
	Eine Neue in der Klasse	86
	Sofie und Olli holen Axel, Renate und den dicken Bernd	87
	Die Eule	88
	Meine Schätze	90
	Ich schenk dir	91
	Adriano spricht zwei Sprachen	92
	Hahn auf – Hahn zu	94
	Meike ist blind	96
	Lisa braucht eine Brille	97
	Feier-Abend	98
	Die kleine Maus sucht einen Freund	100
	Hans im Glück	102
	Rotkäppchen	104
	Der Regenbogenfisch	106
Texte zum Fest- und Jahreskreis	Erntedank	108
	Im Herbst	108
	Sankt Martin	109
	Am Tage von Sankt Barbara	110
	Zum 6. Dezember	111
	Kerzenspiel im Advent	112
	Die drei Spatzen	114
	Der Schneemann ist ein dicker Mann	115
	Şeker Bayramı – Das Zuckerfest	116
	Schnaddel di daddel	118
	Neues Leben	120
	Ostereier	121
	Meine Mama	122
	Urlaubsreise	123
	Der Regenbogen	124
	Sommerhitze	125
	Inhaltsverzeichnis	126
	Quellen	128

Hinweis zum Leselehrgang

■ Die gelb gekennzeichneten Janosch-Seiten von Tiger und Bär (Fibelseiten 4/5, 12/13, 18/19, 26/27, 36/37, 44/45, 54/55 und 72–75) sind zum Vorlesen oder als Differenzierungsangebot gedacht.

Zu diesem Fibelwerk gehören:

Arbeitsheft Ausgabe A
64 S., DIN A 4, einfarbig, perforiert und gelocht,
illustriert von Ute Krause **84762**-7

Buchstabenheft Ausgabe A
64 S., DIN A 4, einfarbig,
illustriert von Ute Krause **84763**-5

Schreiblehrgang mit Vorkurs
64 S., DIN A 4, einfarbig,
illustriert von
Gerlinde Beutel (Märchenkurs)
und Aille Hardy
Lateinische Ausgangsschrift **84695**-7
Vereinfachte Ausgangsschrift **84694**-9
Schulausgangsschrift **84696**-5

Lehrerband mit Kopiervorlagen
208 S., DIN A 4 .... **84782**-1

Lehrerband Schreiblehrgänge
48 S., DIN A 4 .... **84700**-7

Das Papier dieser Ausgabe ist chlorfrei gebleicht und enthält einen hohen Recycling-Anteil.

[Siegel: VON DER STIFTUNG BUCHKUNST PRÄMIERT · eines der schönsten Bücher]

© 1995 R. Oldenbourg Verlag GmbH, München

Das Werk und seine Teile sind urheberrechtlich geschützt. Jede Verwertung in anderen als den gesetzlich zugelassenen Fällen bedarf deshalb der vorherigen schriftlichen Einwilligung des Verlages.

1., überarbeitete Auflage 1996

Unveränderter Nachdruck   00 99 98   R
Die letzte Zahl bezeichnet das Jahr des Drucks.

Lektorat: Ute Busche
Herstellung: Thomas Rein, München
Umschlagkonzept: Mendell & Oberer, München
Umschlaggestaltung: Wolfgang Rudelius
Satz: Horst Gerbert Layoutsatz-Repro, Haar b. München
Reproduktion: Repro Ludwig Ges.m.b.H., Zell am See
Druck- und Bindearbeiten: R. Oldenbourg, Graph. Betriebe GmbH München

ISBN 3-486-**84764**-3

Text- und Bildquellenverzeichnis

Vorsatz: Fotos 1-3, 7, 8, 10, 11-15 Bernd Hagemann, München; 4, 18 Brigitte Corell, München; 5, 6, 9, 16, 19-26 Ben Busche, München; 18 Bildagentur Mauritius, Mittenwald, fm; Fotos Handpuppen Tiger und Bär Roland Ranetsberger, Dachau; S. 4, 5, 12, 13: Janosch, Oh, wie schön ist Panama, Beltz Verlag, Weinheim und Basel, Programm Beltz & Gelberg, Weinheim 1978; S. 18, 19: Janosch, Tiger und Bär im Straßenverkehr, Diogenes Verlag AG Zürich 1990; S. 26, 27: Janosch, Originalbeitrag; S. 36, 37: Janosch, Der kleine Tiger braucht ein Fahrrad, Diogenes Verlag AG Zürich 1992; S. 42: Kauf ein im Reimemarkt, nach: Friedl Hofbauer, in: spielen und lernen Jahrbuch 1989, Velber Verlag, Seelze; S. 44, 45: Janosch, Originalbeitrag; S. 46: Hundert Hasen hoppeln..., nach: Dagmar Binder, in: Mücki und Max Heft 3, 1993, Universum Verlagsanstalt, Wiesbaden; S. 47: Frieder, nach: Flohkiste I 6/93, Domino Verlag, München; S. 50: Wenn der Bär nach Hause kommt, nach: Frantz Wittkamp, Originaltext in: H.-J. Gelberg (Hrsg.), Überall und neben dir, Beltz Verlag, Weinheim und Basel, Programm Beltz & Gelberg, Weinheim 1986; S. 52, 53: Schenk mir ein Schlenkerle, nach: Sabine Lohf, in: spielen und lernen Jahrbuch 1980, a.a.O.; S. 51: Foto 1 Okapia Frankfurt, L. Martinez; Foto 2 Silvestris, Kastl, Rudolf Höfels; Foto 3 Silvestris, Kastl, Prenzel; S. 54, 55: Janosch, Ich mach dich gesund, sagte der Bär, Diogenes Verlag AG Zürich 1985; S. 56: Hermann Krekeler/Bernd Eilert, Dem Geist erschien..., in: spielen und lernen Jahrbuch 1986, a.a.O.; S. 58: Foto 1 Jan van de Kam, in: Kleine Tiere, Saatkorn Verlag, Hamburg; Foto 2 Dick Klees, Duiven, Niederlande; S. 60: Fotos Bernd Hagemann, München; S. 62, 63: Paul Maar, Das kleine Känguruh auf Abenteuer, Friedrich Oetinger Verlag, Hamburg 1989; Illustrationen Paul Maar; S. 66: Alte Hex' von Binsen, in: Susanne Stöcklin-Meier, Eins, zwei, drei – Ritsche ratsche rei, Otto Maier Verlag, Ravensburg 1992; S. 68: Josef Guggenmos, Wem tut kein Zahn weh, in: 2 mit 4 Beinen, Beltz Verlag, Weinheim und Basel 1990; S. 70: Foto Okapia Frankfurt, T & L. Bomford/Anglia; S. 70: Elisabeth Stiemert, Eine Mäusekindergeschichte, in: Elisabeth Stiemert, Angeführt, angeführt, Stalling Verlag, Oldenburg 1977; S. 71: Das neue Haustier, nach: Flohkiste Heft 15. 3. 93, Domino Verlag, München; S. 72-75: Janosch, Post für den Tiger, Beltz Verlag, Weinheim und Basel, Programm Beltz & Gelberg, Weinheim 1980; S. 76, 77: Detlef Kersten, Als die jungen Wanderratten, in: Kannst du das, was Tiere können, Otto Maier Verlag, Ravensburg 1986; Erwin Moser, Der Tintenfisch, in: Tierisches von A bis Z, Beltz Verlag, Weinheim und Basel, Programm Beltz & Gelberg, Weinheim 1985; Frantz Wittkamp, Was immer auch dagegen spricht, in: Der bunte Hund, Heft 25, April 1990, Beltz Verlag, Weinheim und Basel, Programm Beltz & Gelberg, Weinheim; alle anderen Verse von Michail Krausnick: Auf dem Kopf stehen und lachen, Otto Maier Verlag, Ravensburg 1985 (Rechte beim Autor); S. 78, 79: Michail Krausnick, Die Geschichte vom Wanderkuß, in: Auf dem Kopf stehen und lachen, Otto Maier Verlag, Ravensburg 1985 (Rechte beim Autor); S. 80, 81: Anne Steinwart, Hannes läßt die Fetzen fliegen, Arena Verlag, Würzburg 1993; Illustrationen Jutta Bauer; S. 82, 83: Ute Andresen, Rote Tomaten, in: spielen und lernen Jahrbuch 1994, a.a.O.; S. 84, 85: Erwin Moser, Winzig geht in die Wüste, Winzig, der Elefant, Beltz Verlag, Weinheim und Basel, Programm Beltz & Gelberg, Weinheim 1987, 1985; Illustrationen Erwin Moser; S. 86: Aliki Brandenberg, Eine Neue in der Klasse, in: Gefühle sind wie Farben, Beltz Verlag, Weinheim und Basel, Programm Beltz & Gelberg, Weinheim 1987; Illustration Aliki Brandenberg; S. 87: Peter Härtling, Sofie und Olli holen Axel..., in: Sofie macht Geschichten, Beltz Verlag, Weinheim und Basel, Programm Beltz & Gelberg, Weinheim 1980; S. 88, 89: Erwin Moser, Manuel und Didi, Die Eule, in: Fabulierbuch, Geschichten und Bilder, Beltz Verlag, Weinheim und Basel, Programm Beltz & Gelberg, Weinheim 1989; Illustrationen Erwin Moser; S. 91: Dorothée Kreusch-Jacob, Ich schenk dir einen Regenbogen, Patmos Verlag, Düsseldorf 1993; S. 92, 93: Adriano spricht zwei Sprachen, nach: Manfred Hahn, in: Zusammen leben und lernen 1, Prögel Praxis Unterrichtsmaterial 174, München 1993; Fotos Toni Angermayer, Holzkirchen; S. 94, 95: Hahn auf – Hahn zu, nach: The Earthworks Group, Kinder machen 50 Sachen, damit die Umwelt nicht umfällt, Carlsen Verlag, Hamburg 1990; S. 96: Meike ist blind, in: Blind sein, Saatkorn-Verlag, Hamburg 1990, Foto: R. v. Koppenhagen, As Vught, Niederlande; S. 97: Lisa braucht eine Brille, in: Meine Brille, Saatkorn-Verlag, Hamburg 1990, Foto: R. v. Koppenhagen, As Vught, Niederlande; S. 98, 99: Ute Andresen, Feier-Abend, in: Papa im Getümmel, Deutscher Taschenbuchverlag, München 1991; Illustrationen Susann Opel-Götz; S. 100, 101: Eric Carle, Die kleine Maus sucht einen Freund, Gerstenberg Buchverlag, Hildesheim 1991, Textautor: Viktor Christen, Erstveröffentlichung: Stalling Verlag 1971; S. 101: Foto Bernd Hagemann, München; S. 102, 103: Hans im Glück, nach: Gebrüder Grimm; S. 104: Manfred Mai, Rotkäppchen, in: 111 Minutengeschichten, Otto Maier Verlag, Ravensburg 1991; S.105: Rotkäppchen, nach: Gebrüder Grimm, Bilderbogen Nr. 2368, Verlag und Druck Oemigke & Riemschneider, Neu-Ruppin, um 1890, anonymer Illustrator, in: Jochen Jung (Hrsg.), Märchen, Sagen, Abenteuer-Geschichten, Heinz Moos Verlag, München 1974, Robrahn & Co, Magdeburg; S. 106, 107: Marcus Pfister, Der Regenbogenfisch, Nord-Süd Verlag AG, Gossau Zürich/Schweiz 1992; Illustrationen Marcus Pfister; S. 108: Foto Bernd Hagemann, München; S. 110: James Krüss, Am Tage von Sankt Barbara; in: Der wohltemperierte Leierkasten, C. Bertelsmann Verlag GmbH, München 1961; S. 109: Durch die Straßen..., von der Fidula-Cassette 27, Martinslieder und Laternentänze, Fidula-Verlag Boppard/Rhein und Salzburg; S. 111: Zum 6. Dezember, Originalbeitrag der Klasse 3 a, Neubergschule Neckarsulm; Pablo Picasso: Le père noël, © Succession Picasso/VG Bildkunst, Bonn 1995; S. 112, 113: Rolf Krenzer, Kerzenspiel, in: Die Weihnachtsmusikanten, Lahn Verlag, Limburg; S.114: Christian Morgenstern, Die drei Spatzen, in: H.O. Proskauer (Hrsg.), Sämtliche Dichtungen, Bd. 1-11, Zbinden Verlag, Basel; S. 115: Hanna Hanisch, Der Schneemann ist ein dicker Mann, in: Hanna und Rolf Hanisch, Wisper-knisper-Tannenzweig, Deutscher Theater Verlag, Weinheim 1971; S. 116: Foto M. Schnakenburg, München; S. 117: Foto Mauritius Bildagentur, Mittenwald, Vidler; S.118, 119: KNISTER, Schnaddel di daddel, in: Von Frühlingsboten und Hasenpfoten, K. Thienemanns Verlag, Stuttgart-Wien 1988; S. 120: Neues Leben, nach: Das Huhn und das Ei, Textautor: Jens Olesen, Übersetzer: Rainer Gabriel Tripp, Dr. Hans Peters Verlag, Hanau-Salzburg-Bern 1989; Fotos Bo Jarner; S. 122: Ursula Wölfel, Meine liebe Mutter du, in: Ursula Wölfel/Lilo Fromm, Wunderbare Sachen, Schwann Verlag, Düsseldorf 1970; Frantz Wittkamp, Ich freue mich, in: H.-J. Gelberg (Hrsg.), Überall und neben dir, a. a. O.; Ich mag meine Mama, Originalbeitrag; S. 123: Rudolf Otto Wiemer, Urlaubsreise, in: Hans-Joachim Gelberg (Hrsg.) Überall und neben dir, a.a.O.; S.124: Josef Guggenmos, Der Regenbogen, Was denkt die Maus am Donnerstag?, Georg Bitter Verlag, Recklinghausen 1985; S.125: Christel Süssmann, Sommerhitze, in: Hallo, hier Kinderlandhausen, Boje Verlag, Stuttgart 1966.

		A a	B b
	E e	F f	G g
K k	L l	M m	N n
S s	T t	U u	V v